AF482848

LECONTE DE LISLE

# SIX POÈMES
## BARBARES

ILLUSTRÉS DE DOUZE EAUX-FORTES, DONT SIX HORS TEXTE,
GRAVÉES EN COULEUR AU REPÉRAGE

PAR

MAURICE DE BECQUE

---

A PARIS
CHEZ MAURICE DE BECQUE
PEINTRE-GRAVEUR
27, AVENUE DE SUFFREN (VII<sup>e</sup> ARR.)

MCMXXV

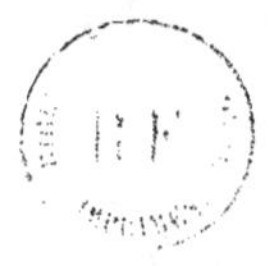

## LES ÉLÉPHANTS

L E sable rouge est comme une mer sans limite,
  Et qui flambe, muette, affaissée en son lit.
Une ondulation immobile remplit
L'horizon aux vapeurs de cuivre où l'homme habite.

Nulle vie et nul bruit. Tous les lions repus
Dorment au fond de l'antre éloigné de cent lieues,
Et la girafe boit dans les fontaines bleues,
Là-bas, sous les dattiers des panthères connus.

Pas un oiseau ne passe en fouettant de son aile
L'air épais, où circule un immense soleil.
Parfois quelque boa, chauffé dans son sommeil,
Fait onduler son dos dont l'écaille étincelle.

Tel l'espace enflammé brûle sous les cieux clairs.
Mais, tandis que tout dort aux mornes solitudes,
Les éléphants rugueux, voyageurs lents et rudes,
Vont au pays natal à travers les déserts.

D'un point de l'horizon, comme des masses brunes,
Ils viennent, soulevant la poussière, et l'on voit,
Pour ne point dévier du chemin le plus droit,
Sous leur pied large et sûr crouler au loin les dunes.

Celui qui tient la tête est un vieux chef. Son corps
Est gercé comme un tronc que le temps ronge et mine ;
Sa tête est comme un roc, et l'arc de son échine
Se voûte puissamment à ses moindres efforts.

Sans ralentir jamais et sans hâter sa marche,
Il guide au but certain ses compagnons poudreux ;
Et, creusant par derrière un sillon sablonneux,
Les pèlerins massifs suivent leur patriarche.

L'oreille en éventail, la trompe entre les dents,
Ils cheminent, l'œil clos. Leur ventre bat et fume,
Et leur sueur dans l'air embrasé monte en brume ;
Et bourdonnent autour mille insectes ardents.

Mais qu'importent la soif et la mouche vorace,
Et le soleil cuisant leur dos noir et plissé ?

Ils rêvent en marchant du pays délaissé,
Des forêts de figuiers où s'abrita leur race.

Ils reverront le fleuve échappé des grands monts,
Où nage en mugissant l'hippopotame énorme,
Où, blanchis par la lune et projetant leur forme,
Ils descendaient pour boire en écrasant les joncs.

Aussi, pleins de courage et de lenteur, ils passent
Comme une ligne noire, au sable illimité ;
Et le désert reprend son immobilité
Quand les lourds voyageurs à l'horizon s'effacent.

## LE SOMMEIL DU CONDOR

Par delà l'escalier des roides Cordillères,
   Par delà les brouillards hantés des aigles noirs,
Plus haut que les sommets creusés en entonnoirs
Où bout le flux sanglant des laves familières,
L'envergure pendante et rouge par endroits,
Le vaste Oiseau, tout plein d'une morne indolence,
Regarde l'Amérique et l'espace en silence,
Et le sombre soleil qui meurt dans ses yeux froids.
La nuit roule de l'Est, où les pampas sauvages
Sous les monts étagés s'élargissent sans fin ;
Elle endort le Chili, les villes, les rivages,
Et la mer Pacifique et l'horizon divin ;
Du continent muet elle s'est emparée :
Des sables aux coteaux, des gorges aux versants,

De cime en cime, elle enfle, en tourbillons croissants,
Le lourd débordement de sa haute marée.
Lui, comme un spectre, seul, au front du pic altier,
Baigné d'une lueur qui saigne sur la neige,
Il attend cette mer sinistre qui l'assiège :
Elle arrive, déferle, et le couvre en entier.
Dans l'abîme sans fond la Croix australe allume
Sur les côtes du ciel son phare constellé.
Il râle de plaisir, il agite sa plume,
Il érige son cou musculeux et pelé,
Il s'enlève en fouettant l'âpre neige des Andes,
Dans un cri rauque il monte où n'atteint pas le vent,
Et, loin du globe noir, loin de l'astre vivant,
Il dort dans l'air glacé, les ailes toutes grandes.

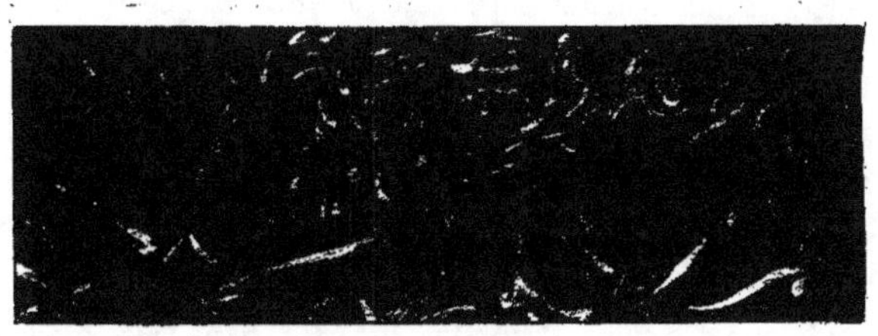

## LA PANTHÈRE NOIRE

UNE rose lueur s'épand par les nuées ;
    L'horizon se dentelle, à l'Est, d'un vif éclair ;
Et le collier nocturne, en perles dénouées,
    S'égrène et tombe dans la mer.

Toute une part du ciel se vêt de molles flammes
Qu'il agrafe à son faîte étincelant et bleu.
Un pan traîne et rougit l'émeraude des lames
    D'une pluie aux gouttes de feu.

Des bambous éveillés où le vent bat des ailes,
Des letchis au fruit pourpre et des cannelliers
Pétille la rosée en gerbes d'étincelles,
    Montent des bruits frais par milliers.

Et des monts et des bois, des fleurs, des hautes mousses,
Dans l'air tiède et subtil, brusquement dilaté,
S'épanouit un flot d'odeurs fortes et douces,
    Plein de fièvre et de volupté.

Par les sentiers perdus au creux des forêts vierges
Où l'herbe épaisse fume au soleil du matin ;
Le long des cours d'eau vive encaissés dans leurs berges,
    Sous de verts arceaux de rotin ;

La reine de Java, la noire chasseresse,
Avec l'aube, revient au gîte où ses petits
Parmi les os luisants miaulent de détresse,
    Les uns sous les autres blottis.

Inquiète, les yeux aigus comme des flèches,
Elle ondule, épiant l'ombre des rameaux lourds.
Quelques taches de sang, éparses, toutes fraîches,
    Mouillent sa robe de velours.

Elle traîne après elle un reste de sa chasse,
Un quartier du beau cerf qu'elle a mangé la nuit ;
Et sur la mousse en fleur une effroyable trace
    Rouge, et chaude encore, la suit.

Autour, les papillons et les fauves abeilles
Effleurent à l'envi son dos souple du vol:

Les feuillages joyeux de leurs mille corbeilles
Sur ses pas parfument le sol.

Le python, du milieu d'un cactus écarlate,
Déroule son écaille, et, curieux témoin,
Par-dessus les buissons dressant sa tête plate,
La regarde passer de loin.

Sous la haute fougère elle glisse en silence,
Parmi les troncs moussus s'enfonce et disparaît.
Les bruits cessent, l'air brûle, et la lumière immense
Endort le ciel et la forêt.

## LES JUNGLES

Sous l'herbe haute et sèche où le naja vermeil
  Dans sa spirale d'or se déroule au soleil,
La bête formidable, habitante des jungles,
S'endort, le ventre en l'air, et dilate ses ongles.
De son mufle marbré qui s'ouvre, un souffle ardent
Fume ; la langue rude et rose va pendant ;
Et sur l'épais poitrail, chaud comme une fournaise,
Passe par intervalle un frémissement d'aise.
Toute rumeur s'éteint autour de son repos.
La panthère aux aguets rampe en arquant le dos ;
Le python musculeux, aux écailles d'agate,
Sous les nopals aigus glisse sa tête plate ;
Et dans l'air où son vol en cercle a flamboyé
La cantharide vibre autour du roi rayé.

Lui, baigné par la flamme et remuant la queue,
Il dort tout un soleil sous l'immensité bleue.

Mais l'ombre en nappe noire à l'horizon descend.
La fraîcheur de la nuit a refroidi son sang ;
Le vent passe au sommet des herbes ; il s'éveille,
Jette un morne regard au loin, et tend l'oreille.
Le désert est muet. Vers les cours d'eau cachés
Où fleurit le lotus sous les bambous penchés,
Il n'entend point bondir les daims aux jambes grêles,
Ni le troupeau léger des nocturnes gazelles.
Le frisson de la faim creuse son maigre flanc ;
Hérissé, sur soi-même il tourne en grommelant ;
Contre le sol rugueux il s'étire et se traîne,
Flaire l'étroit sentier qui conduit à la plaine,
Et, se levant dans l'herbe avec un bâillement,
Au travers de la nuit miaule tristement.

## LES TAUREAUX

LES plaines de la mer, immobiles et nues,
    Coupent d'un long trait d'or la profondeur des nues.
Seul, un rose brouillard, attardé dans les cieux,
Se tord languissamment comme un grêle reptile
Au faîte dentelé des monts silencieux.
Un souffle lent, chargé d'une ivresse subtile,
Nage sur la savane et les versants moussus
Où les taureaux aux poils lustrés, aux cornes hautes,
A l'œil cave et sanglant, musculeux et bossus,
Paissent l'herbe salée et rampante des côtes.
Deux nègres d'Antongil, maigres, les reins courbés,
Les coudes aux genoux, les paumes aux mâchoires,
Dans l'abêtissement d'un long rêve absorbés,
Assis sur les jarrets, fument leurs pipes noires.

Mais, sentant venir l'ombre et l'heure de l'enclos,
Le chef accoutumé de la bande farouche,
Une bave d'argent aux deux coins de la bouche,
Tend son mufle camus, et beugle sur les flots.

## LE RÊVE DU JAGUAR

Sous les noirs acajous, les lianes en fleur,
  Dans l'air lourd, immobile et saturé de mouches,
Pendent, et, s'enroulant en bas parmi les souches,
Bercent le perroquet splendide et querelleur,
L'araignée au dos jaune et les singes farouches.
C'est là que le tueur de bœufs et de chevaux,
Le long des vieux troncs morts à l'écorce moussue,
Sinistre et fatigué, revient à pas égaux.
Il va, frottant ses reins musculeux qu'il bossue ;
Et, du mufle béant par la soif alourdi,
Un souffle rauque et bref, d'une brusque secousse,
Trouble les grands lézards, chauds des feux de midi,
Dont la fuite étincelle à travers l'herbe rousse.
En un creux du bois sombre interdit au soleil

Il s'affaisse, allongé sur quelque roche plate ;
D'un large coup de langue il se lustre la patte ;
Il cligne ses yeux d'or hébétés de sommeil ;
Et, dans l'illusion de ses forces inertes,
Faisant mouvoir sa queue et frissonner ses flancs,
Il rêve qu'au milieu des plantations vertes,
Il enfonce d'un bond ses ongles ruisselants
Dans la chair des taureaux effarés et beuglants.

LE PRÉSENT ALBUM, ACHEVÉ D'IMPRIMER LE
VINGT-DEUX AOUT MIL NEUF CENT VINGT-CINQ,
POUR LE TEXTE PAR LE MAITRE IMPRIMEUR
R. COULOUMA, A ARGENTEUIL, H. BARTHÉLEMY
ÉTANT DIRECTEUR, ET POUR LES TAILLES-DOU-
CES PAR NOURISSON ET SES FILS, A ALFORT, A
ÉTÉ TIRÉ A 200 EXEMPLAIRES, SAVOIR : 1 EXEM-
PLAIRE SUR JAPON ANCIEN COMPRENANT UNE
TRIPLE SUITE DES GRAVURES, N° 1 ; 9 EXEM-
PLAIRES SUR JAPON IMPÉRIAL AVEC DOUBLE
SUITE DES GRAVURES, Nᵒˢ 2 A 10 ; 50 EXEMPLAIRES
SUR JAPON COMPRENANT UNE SUITE EN NOIR
AVEC REMARQUES, Nᵒˢ 11 A 60 ; 40 EXEMPLAIRES
SUR MADAGASCAR COMPRENANT UNE SUITE EN
NOIR AVEC REMARQUES, Nᵒˢ 61 A 100 ; 100 EXEM-
PLAIRES SUR PUR FIL LAFUMA, Nᵒˢ 101 A 200 ;
DE PLUS IL A ÉTÉ TIRÉ 20 EXEMPLAIRES HORS
COMMERCE NUMÉROTÉS EN CHIFFRES ROMAINS.

EXEMPLAIRE Nᵒ